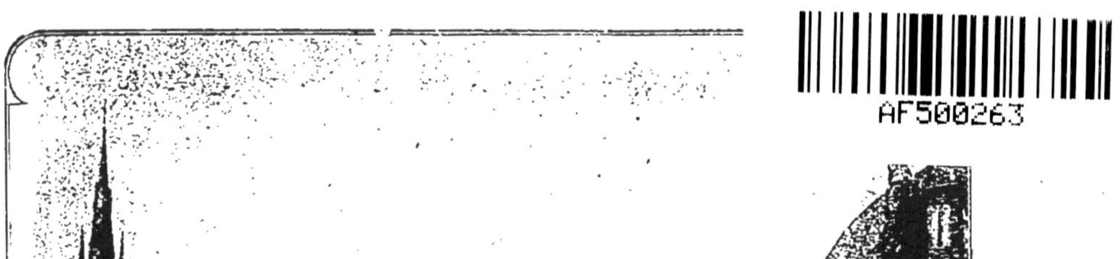

STOCKHOLM. — LE PONT VASA ET L'ACADÉMIE DES BEAUX-ARTS.

LA SUÈDE HISTORIQUE

I

Entourée d'eaux de tous les côtés, sauf au nord-est, où elle a pour borne la Laponie russe, peu praticable, la Suède, envisagée au point de vue de l'accès de son territoire, est plutôt une île qu'une presqu'île. Aussi, grâce à ces conditions géographiques, est-elle restée, à travers les âges de l'histoire, à l'abri des bouleversements de la carte d'Europe, toutes les fois qu'elle n'a pas cédé à l'ambition de s'étendre au delà de ses limites naturelles. La perte de la Finlande l'a, depuis le commencement de ce siècle, par la paix de Frederiksham, renfermée dans son isolement, d'où Charles XIV et la dynastie de ce prince ne l'ont plus fait sortir. Son passé, lointain et glorieux, remonte aux origines de la Scandinavie. Jusqu'au commencement du moyen âge, ses annales, d'abord toutes mythiques, ne lui donnent pour souverains que des rois issus des dieux et rangés parmi ceux-ci. Avant l'introduction du Christianisme, sa population se composait de tribus apparentées par la race mais distinctes par les institutions, quoiqu'elles eussent un centre commun dans le temple d'Upsala, où le culte des Ases les rassemblait à certaines époques en fournissant l'occasion de faire de l'union religieuse la base d'une sorte d'union nationale, quelles que fussent d'ailleurs les tendances séparatistes. Dans la suite les rois d'Upsala, qui se prétendaient les descendants directs des Ases, s'élevèrent au-dessus des chefs locaux (haradskonungen) et ces derniers disparurent progressivement. Un de ces rois, Ingiald Ilrada, en qui s'éteignirent les Ynglinger, périt dans un combat et la couronne passa dans la personne d'Ivar Widfadme aux Skioldunger ou fils de Skiold, qui avait lui-même pour père Ivodan ou Odin. Vers la fin du neuvième siècle, Eric Edmundson, un des Skioldunger, resta seul maître de la Suède. Déjà, dans ces temps fabuleux, les Suédois étaient en conflit incessant avec leurs voisins norvégiens et danois, à qui ils disputaient leurs côtes orientales sur la Baltique. En même temps ils poussaient leurs expéditions par mer, comme les autres hommes du Nord, jusqu'en Angleterre et en France.

Les apôtres de la foi chrétienne firent des prosélytes en Suède dès 829. Un Français de Picardie, Anscharius (saint Ansgar), né vers 800 et élevé au couvent de Corbie en Westphalie, évangélisa la Scandinavie avec son compagnon Audibert, sous la protection de Louis le Débonnaire et de Harald, prince du Jutland méridional, baptisé en 826. Mais leurs efforts et ceux de leurs successeurs ne produisirent de résultats significatifs qu'au bout d'un siècle, quand, en l'an 1000, le roi Olof se convertit. Le paganisme continua néanmoins à réagir contre la religion nouvelle jusqu'à l'incendie du temple d'Upsala sous Ingiald (1080-1112). Cette destruction du foyer des Ases permit à la hiérarchie catholique de faire prévaloir ses doctrines, qui furent adoptées par la plus grande partie du pays lorsque la Suède se fut engagée à payer au pape un tribut annuel.

Pendant ce temps les deux grandes races scandinaves, Goths et Suédois, toujours réciproquement hostiles, demeuraient en guerre en se groupant autour de leurs rois respectifs, qui faisaient de chacune des parties de la péninsule une monarchie séparée ayant ses lois propres. Les Goths, fidèles aux dieux de leurs ancêtres, haïssaient les Suédois, qui avaient abjuré leurs croyances communes. La fusion n'eut lieu qu'en 1250, à l'avènement des Folkunger. Alors la Suède cessa d'être une confédération de tribus multiples pour ne former qu'un État, sans que l'esprit de décentralisation renonçât à ses coutumes et à ses droits.

Sous le premier des Folkunger, le roi Waldemar, eut lieu la fondation de Stockholm. Son frère Magnus, très épris de la pompe et des mœurs étrangères, institua la noblesse, sans omettre de donner aux autres éléments de la nation des garanties contre les abus de la puissance féodale. Ami du clergé, il lui maintint toutes ses prérogatives, qu'il augmenta. Magnus trouva un auxiliaire fervent et énergique de ses desseins dans Torkel Knutson, à qui il avait confié l'éducation de son fils. Grâce à cet habile précepteur, qui était aussi un grand capitaine, la Suède s'empara de la Carélie, au sud-est de la Finlande; mais cette conquête de Torkel Knutson, ne fut payée que d'ingratitude: Magnus II le fit décapiter. En 1332, un autre précepteur royal, Matths Kittilsmundson, parvint à dépouiller le Danemark, alors très faible, de plusieurs de ses provinces de Gothie (Scanie, Halland, Blekingen), que le jeune roi de Suède ne sut pas conserver. Le pays était, à ce moment, déchiré par les factions, qui rivalisaient de cruautés; les rois avaient pour ennemis ouverts ou cachés, suivant les circonstances, l'aristocratie et le clergé, qui ne s'arrêtaient jamais ni dans leurs exigences ni dans leurs empiétements. Magnus II, après un très long règne traversé par des collisions incessantes avec ses vassaux, dut abdiquer, en renonçant non seulement pour lui-même, mais aussi pour ses deux fils, aux trônes de Suède et de Norvège, qui échurent à son neveu (fils de sa sœur), Albert de Mecklembourg, élu par 24 seigneurs féodaux (1364). Le nouveau roi manqua de fermeté : prisonnier de ceux qui l'avaient nommé, il n'osa rien contre eux. Que pouvait-il d'ailleurs entreprendre? Le Rikesdrots Bo Jonson Grip ne possédait-il pas le tiers du pays, et les autres vassaux ne se trouvaient-ils point armés de la même manière? Les seigneurs, pour le renverser, s'unirent aux Danois. Albert, vaincu à Falkoping (1389) et obligé de se rendre, ne dut la vie qu'à son abdication. Par l'union de Calmar (12 juillet 1397), la bru de Magnus II, Marguerite de Valdemar, ceignit la triple couronne.

Lorsqu'elle mourut, en 1412, la haine mutuelle des trois peuples réunis par cet acte diplomatique fit explosion. Les Suédois ne pouvaient pardonner aux Danois de leur avoir ravi le plus sacré de leurs privilèges, celui de se rendre à l'église et aux assemblées populaires l'épée au côté. Ils exécraient ces usurpateurs, qui les écrasaient sous les impôts. Son successeur, Eric XIII de Poméranie, fils de sa sœur, ne fut pas aimé davantage, sa tyrannie étant encore plus oppressive. En 1434 les paysans de Suède et principalement ceux de la Dalécarlie se révoltèrent. L'insurrection triompha, malgré l'assassinat de son chef. Le roi détrôné dut se réfugier dans le Gothaland et y vivre de la piraterie. Le maréchal Karl Knutson fut nommé lieutenant du royaume, mais résigna le pouvoir en 1441, quand le neveu d'Eric XIII, Christophe de Bavière, monta sur le trône. Ce prince étranger ne sut pas se concilier la sympathie de son peuple. A sa mort, les Suédois prirent pour roi Karl Knutson, qui régna sous le nom de Charles VIII (1448). Les seigneurs et le clergé lui firent aussitôt une opposition acharnée dont le chef fut l'archevêque Jens Bengtson (Oxenstiern). Vaincu dans une bataille livrée aux Danois, Charles VIII se retira, en 1547, avec ses partisans à Dantzig. Son rival, le roi de Danemark, Christian I, saisit la couronne de Suède, mais ne la garda pas longtemps, car ses exactions exaspérèrent le peuple suédois. Charles VIII, rappelé, reprit possession du trône en 1464. Presque aussitôt il eut des compétiteurs dans l'évêque Kottil (Vasa) et dans l'oncle de celui-ci, Jens Bengston, tandis que, de son côté, il était soutenu par les puissantes familles de Sture et de Tott. Il régna, dans ces conditions, pour la troisième fois jusqu'en 1470 et nomma, avant de mourir, pour héritier son neveu Sten Sture, qui, sans être nominalement roi, eut toute l'autorité royale. Après Sten Sture, le pouvoir échut à Svante Nilsson Sture (d'une autre famille), qui gouverna de 1504 à 1512 ; puis la régence fut exercée par son fils Sten Sture (1512-1520). La défaite de ce dernier et sa mort ramenèrent à Stockholm comme roi de Suède Christian III, roi du Danemark.

A peine ce souverain eut-il reçu l'hommage de ses sujets suédois qu'il organisa contre eux le plus odieux des complots, en ordonnant le massacre de Stockholm (novembre 1520). Toute la nation suédoise cria vengeance. Un soulèvement général lui rendit la liberté, grâce à l'héroïsme de Gustave Vasa, fils de la sœur de Sten Sture. Ce fut la fin de la première période de l'histoire de Suède.

II

Le nom de Gustave Vasa fut pendant longtemps le symbole de la gloire et de la grandeur épiques. Avec lui disparurent les combinaisons diplomatiq . de l'Union Scandinave, tentée à Colmar et si funeste aux intérêts des rois peuples, pendant les cent vingt-cinq ans qu'elle avait subsisté. Élu roi en 1523, après deux ans de régence, il s'attacha par tous les moyens à consolider son trône. Pour mettre fin aux hostilités du clergé catholique, il ouvrit la Suède à la propagande de la Réforme, supprima les ordres religieux, confisqua leurs biens, ferma les couvents et enrichit le trésor de ces dépouilles. Les Dalécarliens, très pacifiques, ne se révoltèrent que lorsqu'on enleva les cloches de leurs églises; mais leur triple insurrection fut maîtrisée. La noblesse de la Gothie occidentale protesta également, et il y eut dans le Smaland des désordres que la fermeté royale étouffa. Gustave-Vasa répondit à l'opposition par des actes décisifs : il affranchit le pays de la domination commerciale de la Hanse, créa une flotte de guerre, releva l'industrie, le commerce, l'agriculture, l'exploitation minière, renversa tous les obstacles, rétablit la paix et fit sanctionner sa politique par l'acclamation de la loi qui proclama sa dynastie héréditaire. Aussi, son fils aîné, Eric XIV, lui succéda-t-il sans difficulté. Malheureusement le nouveau règne ne tarda pas à montrer son incapacité. Eric XIV, faible d'esprit, presque dément, fut renversé par ses frères, et l'un de ceux-ci, Jean III, devint roi, après sa réconciliation secrète avec le clergé catholique, qui reprit toute l'influence politique. Les Suédois protestants virent dans cette recrudescence des prétentions cléricales une trahison. Les griefs s'accentuèrent encore quand Jean III signa, en 1570, la paix de Stettin, qui rendait sans compensation tout le Gothaland au Danemark. Une révolution allait éclater lorsque le roi mourut en 1592. Son fils Sigismond était catholique et régnait en Pologne depuis 1587. Le peuple suédois, désormais très dévoué au protestantisme, ne se laissa pas aveugler par les promesses que leur fit le nouveau souverain de respecter les croyances nationales. Il ne vit dans le roi qu'un possédé et se laissa convaincre par l'oncle de Sigismond, l'ambitieux champion de la Réforme, qui n'eut pas de peine à détrôner son neveu et à se faire élire à sa place sous le nom de Charles IX. C'était un homme adroit, joignant la stratégie politique à l'audace des vues ambitieuses. Il cimenta la force des Églises luthériennes, prit avant Richelieu le parti adopté par le grand cardinal en tenant tête à la féodalité, envoyant à l'échafaud ceux qui lui résistaient, donna satisfaction aux griefs des populations minières, fonda de nombreuses institutions et, après avoir résisté autant qu'il le pouvait à ses voisins : Danemark, Pologne, Russie, conçut la pensée de faire monter le plus jeune de ses fils sur le trône des tsars. La mort l'empêcha de réaliser ce dessein.

Gustave II, son fils aîné, qui lui succéda, rendit illustre le nom de Gustave-Adolphe. Pendant les vingt et un ans de ce règne (1611 à 1632), la Suède s'éleva au rang des grandes puissances européennes, et ce furent les pages les plus splendides de l'histoire suédoise que ce prince écrivit de la pointe de son épée. Il voulut consolider le royaume en s'appuyant sur la sympathie nationale. Noble entreprise que la postérité n'a peut-être pas assez admirée, et qui était d'autant plus belle que la Suède pouvait être attaquée du même coup de toutes parts. Ses frontières ne la protégeaient point, car elle n'avait alors aucune de ses défenses naturelles d'aujourd'hui : la Scanie, le Halland, le Blekingen, le Buhusltän, le Gothaland, le Jämjland, le Hertedalen, auxquels ne correspondaient en aucune manière l'Esthonie, la Livonie et la Courlande, qui étaient plutôt des possessions d'outre-mer que des parties intégrantes de la Suède. La paix faite avec la Pologne et la Russie ne tenait qu'à des liens qui pouvaient se briser d'un instant à l'autre ; il les rompit lui-même et consacra ses neuf premières années à combattre ces deux rivales. Au cours de cette longue guerre, il se révéla l'un des premiers généraux de son siècle. Le Danemark avait, à ce moment, un roi de grande valeur, brave, hardi, entreprenant, qui ne laissait échapper aucune occasion d'inquiéter la Suède. Gustave-Adolphe n'hésita pas, en présence de ces menaces, à se mesurer avec la redoutable maison d'Autriche, et sa confiance en sa supériorité militaire, en l'admirable nation qui marchait sous ses drapeaux, le soutint dans sa résolution. Il scella de son sang à Lutzen, le 6 novembre 1632, le pacte qu'il avait fait avec son peuple. Il fut un vrai roi, sachant commander et sachant mourir pour son pays. Il accomplit des choses merveilleuses, et les écoles, les universités dont il dota la Suède, le legs qu'il fit à Upsal de tous ses biens personnels, l'impulsion qu'il provoqua dans toutes les branches du commerce et de l'industrie, la sollicitude qu'il eut pour l'établissement de lois sages et équitables, ont rendu sa mémoire à jamais chère aux Suédois.

La jeune reine Christine était encore mineure quand elle succéda en 1632 à son père Gustave-Adolphe. Elle eut pour tuteur le célèbre Axel Oxenstiern, qui fut régent jusqu'en 1644. Peu d'hommes jouèrent un rôle aussi considérable sur la scène du monde, et il en est bien peu qui aient su allier à une telle activité infatigable un tel souci scrupuleux de la justice. C'est une de ces figures qui se dressent au-dessus de leur temps et au-dessus de la plupart de ceux que le poète grec appelle les conducteurs de l'humanité. Il s'imposa la tâche de défendre l'honneur et l'indépendance de sa patrie, en assurant le développement de toutes les ressources économiques de la Suède, mais en ne recourant jamais à une mesure entachée d'improbité politique. Sa vie est de celles qu'il faut connaître, étudier et méditer. Avec Oxenstiern au gouvernail de l'État et Torstenson à la tête de ses armées, avec la reine Christine au pouvoir, la Suède occupe une page glorieuse dans le livre d'or du dix-septième siècle. En 1645 la paix de Brömsebro lui donna des avantages qu'accrurent encore les clauses des traités de Westphalie en 1648. Il paraissait qu'un tel règne admiré par l'Europe dût faire, à plus forte raison, l'orgueil des Suédois. Mais l'Europe n'était pas témoin des discussions intérieures de la cour, des mesquines intrigues qui ruinèrent l'œuvre d'Oxenstiern et le rendirent lui-même suspect à Christine, à la suite des manœuvres de la basse courtisanerie. La reine ne parvint à se soustraire à son entourage moralement délétère qu'en abandonnant la couronne. Elle abdiqua en 1654 et le trône échut à son cousin le comte palatin des Deux-Ponts, qui devint Charles X ou Charles-Gustave et qui inaugura la période des Wittelsbach (1660).

III

Le début fut brillant. De hardies entreprises contre la Pologne, la Russie, le Danemark, entreprises plus téméraires que calculées, étonnèrent le monde. La Suède arracha vaillamment à ses ennemis quelques possessions, les seules qu'elle ait gardées depuis. Mais les revers suivirent de près les succès. Charles-Gustave ne laissa pour héritage à son fils mineur Charles XI que des complications. La reine-mère Hedwige-Éléonore, le chancelier de la Garde et les quatre autres conseillers de la Couronne ne purent les résoudre qu'en acceptant la paix d'Oliva, qui était désavantageuse et presque honteuse, quoique la Pologne cédât à la Suède toute la Livonie. Les conventions avec le Danemark et la Russie furent également défavorables. Charles XI ne répara point cette situation lorsqu'il prit lui-même en 1672 les rênes du royaume. Son alliance avec la France contre le Danemark et le Brandebourg fut une faute qui jeta le désordre dans ses finances et fit perdre à la Suède sa considération en Europe. A l'intérieur, sa situation n'était pas moins grave. Les paysans se répandaient en récriminations contre l'État, qui ne faisait qu'ajouter des surcharges au poids des impôts. On crut les apaiser en cherchant une ressource pour le Trésor épuisé dans la mainmise sur des biens domaniaux acquis jadis par la noblesse à bas prix ou par donation lorsque Gustave Vasa avait confisqué les propriétés des ordres religieux et des couvents. On ne fit qu'exaspérer l'aristocratie sans contenter les classes rurales. Cependant Charles XI affronta les orages. Son règne de trente-sept ans fut assez long pour lui permettre de s'assagir. Il avait prouvé qu'il ne redoutait pas la guerre et s'y était même jeté imprudemment tête baissée. Il reconnut enfin qu'après cent six ans de période belliqueuse, poursuivie presque sans trêve depuis Gustave Vasa, la Suède avait droit au repos ; et il s'appliqua très activement à l'organisation administrative, sans négliger la défense militaire, car il n'ignorait point que les ennemis tenaient leurs regards fixés sur lui et sur son peuple ; il réforma la législation, embellit la ville de Carlscrona en y faisant construire des docks et des quais d'embarquement, créa la banque d'État et l'université de Lund, fit exécuter les principaux travaux de fortification, et, lorsqu'il mourut, les brèches que ses guerres avaient jadis faites au Trésor étaient presque entièrement réparées.

Sous Charles XII, son fils et successeur (1697-1718), se rouvrit l'ère des luttes armées. La guerre du Nord, provoquée par l'ambition de ce prince chevaleresque, mais insatiable dans son orgueil, coûta plus d'un million d'hommes à la Suède et la précipita dans un abîme. Et pourtant ce peuple était digne des plus grands éloges. Quand on songe qu'après dix-huit ans de combats sans relâche où la défaite alternait avec la victoire, décimée par la faim et la peste, ayant le spectacle de deux de ses armées prisonnières, de la moitié de son territoire envahi ou perdu, de son dernier argent sacrifié, de ses meilleures espérances en hommes et en biens détruites, cette nation ainsi éprouvée avait conservé encore assez de vitalité pour lever de nouveaux contingents formant 70,000 soldats prêts à mourir, et si virilement beaux, si parfaitement équipés, on reste stupéfait devant ce miracle d'énergie indomptable, de fidélité à la couronne, de grandiose sentiment du patriotisme puisé aux sources de la plus haute morale civique. Et on se demande comment un homme doué d'une volonté de fer, un homme de génie assurément, n'a pas compris qu'au lieu de se servir de toutes ces forces et de toutes ces ressources pour satisfaire sa vanité guerrière, il eût été autrement grand pour l'humanité s'il avait employé à l'expansion de la paix tous ces éléments dont il ne fit usage que pour la guerre.

IV

La quatrième période de l'histoire de Suède va de 1718, depuis la mort de Charles XII, jusqu'à 1814, date de la paix de Kiel. Près d'un siècle de querelles de partis, tour à tour dominées par les influences française, russe, anglaise, mais où l'intérêt réel du peuple et du pays n'est qu'un facteur négligeable. On a dit que c'était une période de paix, comme si celle-ci était compatible avec la ruine. Le règne d'Ulrique-Éléonore, sœur de Charles XII, et de son mari Frédéric de Hesse-Cassel (1718-1751), n'est signalé que par le traité ironique d'Abo, qui livre en 1743 une partie de la Finlande, après que les conventions de 1719, 1720, 1721, avaient fait rétrocéder Brême et Verdun aux princes électeurs de Hanovre, Stettin et la Poméranie à la Prusse, la Livonie, l'Esthonie, l'Ingermanland et une partie du Viborgsland à la Russie, sans oublier le renoncement à la liberté douanière. Adolphe-Frédéric de Holstein-Gottorp (1731-1771) ne se contente pas de participer sans profit et sans gloire à la triste guerre de Sept ans, il compromet le prestige de sa couronne dans les démêlés avec les partis aristocratiques, et il ne subsiste plus de la puissance royale qu'une ombre lorsque Gustave III succède à son père en 1771. En ses vingt et une années (1771-1791) de règne, le roi lutte contre la noblesse et la noblesse prémédite le crime d'Ankarstrœm. Une guerre inutile avec la Russie, une tentative de la couronne voulant s'opposer au courant des idées et l'assassinat de Gustave III faisant le brusque dénouement de ce qui n'est pas même un drame, puis l'avènement de Gustave IV, jouet aux mains de son oncle le duc de Sudermanie, terminent la comédie par le coup de théâtre de 1809.

Ce duc, devenu Charles XIII, offre pour don de joyeux avènement à la Suède la paix de Frederiksham (17 septembre 1809), qui abandonne à la Russie le reste de la Finlande avec les îles Aland. Et comme si la honte accablait le peuple et son roi, on découvre que la race des Vasa est éteinte, et que pour trouver un front digne de porter la couronne du libérateur de la Suède, il n'y a plus qu'à demander un souverain à l'étranger, en portant cette glorieuse couronne à travers les petites cours princières de l'Allemagne, où il y aura peut-être quelque principule qui daignera l'accepter. Enfin le prince Christian-Auguste de Slesvig-Holstein-Sonderbourg. Augustenbourg se décide à donner son consentement aux diplomates en quête d'un héritier présomptif de Charles XIII. Mais les destins brisent sa trame diplomatique. L'héritier présomptif meurt subitement.

V

C'était en 1810. Napoléon remplissait l'Europe du bruit de ses canons et de ses victoires. Il avait opposé à l'attitude de l'Angleterre le blocus continental. Il comptait sur la Suède pour la réussite de son plan. A plusieurs reprises, il avait témoigné son grand désir de s'allier avec elle. Sa lettre à Berthier du 23 avril 1807, ses paroles au ministre suédois à Paris le prouvent. Il voulait que le gouvernement de Stockholm déclarât la guerre aux Anglais. « La Suède ne peut pas, disait-il, rester dans un état mixte. » Or un événement inattendu parut devoir seconder ses vues dans ce sens Bernadotte, nommé prince de Ponte-Corvo après Austerlitz, venait d'être nommé gouverneur général de Rome, où on l'envoyait parce qu'on le craignait, lorsque des délégués de Charles XIII se présentèrent au maréchal sur le point de partir pour l'Italie et lui apprirent que les États de Suède l'avaient élu pour héritier de la couronne. Bernadotte accepta ce choix, sur lequel, s'il faut en croire la plupart des historiens, Napoléon n'avait exercé aucune influence. Il se rendit à Stockholm, où l'acte d'adoption fut ratifié, prêta le serment exigé par la Constitution et prit le nom de Charles-Jean. Le roi de Suède s'était rallié à la politique de l'empereur des Français et avait même rompu ouvertement avec la Grande-Bretagne, mais cette rupture n'était qu'apparente, car il poursuivait en secret ses relations avec le cabinet de Londres. Napoléon, averti de cette défection, n'hésita pas à investir la Poméranie suédoise Dès la déclaration de guerre entre la France et la Russie, Charles XIII s'était rapproché d'Alexandre Ier. Une entrevue avait eu lieu entre le tsar et Bernadotte dans Abo et un traité d'alliance avait été conclu entre la Russie et la Suède.

Charles XIII mourut en 1818 et Bernadotte (Charles XIV Jean) devint roi de Suède. Il adopta aussitôt un programme dont il ne s'écarta point : se désintéresser de la politique extérieure et se vouer exclusivement à la politique intérieure, diriger celle-ci avec une prudence persévérante, en favorisant l'extension de la richesse commerciale par la construction de routes et de canaux, régner pacifiquement avec circonspection. Ces desseins ne lui gagnèrent cependant pas l'affection des Suédois, pour qui il restait un étranger, un Français. D'année en année, l'opposition grandit : ce fut une bataille dans laquelle il fit usage de ses qualités de tacticien. Il mourut à quatre-vingts ans, le 8 mars 1844, laissant la couronne à son fils Oscar Ier, qui inaugura son règne par une réforme de la Constitution, réforme combattue tour à tour par le clergé et la noblesse.

Oscar Ier suivit la politique de son père en se tenant à l'écart des conflits du Danemark avec l'Allemagne ainsi que de la guerre de Crimée. Charles XV, qui monta sur le trône après lui, le 8 juillet 1859, fut d'abord moins réservé en affirmant ses sympathies pour le Danemark dans l'affaire de Slesvig-Holstein, mais il se ravisa ensuite. Il eut à lutter avec son Parlement et échoua dans ses projets de réorganisation de l'armée et d'entente avec la Norvège, qui, politiquement unie à la Suède par le traité de Kiel de 1814, ne voulut faire aucune concession sur le terrain de son autonomie. Oscar II, le roi actuel, qui succéda, le 18 septembre 1872, à Charles XV, rencontra les mêmes obstacles que celui-ci. Il les surmonta plus heureusement en diverses circonstances, mais ne put cependant pacifier complètement les esprits, à cause des dissentiments profonds entre les deux royaumes, Suède et Norvège, qu'il est forcé de gouverner par un système d'équilibre inévitablement instable.

Charles Simond.

STOCKHOLM. RIDDARHUS (PALAIS LÉGISLATIF).

EN SUÈDE

I

STOCKHOLM

Un coup de sifflet m'éveille : « Stockholm ! » crie une voix avec l'accent international qui caractérise l'employé de toutes les compagnies du monde. Le train entre en gare ; nous sommes dans la capitale de Gustave-Adolphe et de Charles XII !

Faire son entrée dans une ville par la voie prosaïque du chemin de fer, c'est se préparer une désillusion. Un peuple de domestiques de place, ameuté au débarcadère, nous attend, s'empare de nos personnes comme d'un colis et nous jette dans un omnibus qui s'ébranle bientôt, nous secoue et nous assourdit. Vainement notre curiosité veut-elle découvrir quelque coin de la ville. Nous nous retournons avec un effort pénible pour apercevoir la ligne monotone d'un trottoir ou les bottes des factionnaires qui montent la garde à la porte des monuments. Autrefois, Stockholm n'était accessible au voyageur que par mer : au fond du golfe formé par la Baltique, l'œil voyait s'élever lentement au-dessus des eaux les flèches de Riddarsholm, la coupole de Sainte-Hedwige, les maisons rouges de la ville ; le navire s'appuyait à un quai de granit et déposait les voyageurs en face du palais des rois de Suède. A ce moment [illegible] ockholm n'avait pas d'auberges ; tous les jours, un certain nombre de bourgeois appartenant d'ordinaire au petit commerce ou à la classe des employés se rendaient au port : chacun y cueillait un hôte, l'emmenait chez lui et, moyennant une rétribution plus que modique, lui offrait le vivre et le couvert. L'audace d'un Français a changé tout cela et troublé ces mœurs patriarcales. Un ancien cuisinier de Bernadotte dota Stockholm d'un hôtel à la française; l'absence de tout concurrent sérieux assurait le succès de ce téméraire. Devenu riche, notre compatriote voulut devenir millionnaire et construisit un nouvel hôtel, vaste caravansérail, où des domestiques, cravatés de blanc, parlèrent toutes les langues, sous des lambris dorés. Après la demeure des rois, ce fut le plus pompeux monument de la capitale.

Ce palais hospitalier contemple ce que l'on pourrait appeler la grande place de Stockholm, où viennent se réunir les principales artères de la ville. Seulement, à Stockholm, les places sont des lacs, les rues sont des bras de mer. Nous dominons un vaste bassin où le lac Mœlar d'un côté, la mer Baltique de l'autre, versent leurs eaux, et où une flotte de guerre pourrait défiler en ordre de bataille sous les fenêtres du souverain de la Suède. Le palais royal nous fait face sur l'autre rive, dans l'île de Riddarsholm ; c'est un bloc de granit taillé à angles droits, peint en jaune, comme si l'on avait voulu dissimuler la pierre sous une écorce de bois. Des terrasses à l'italienne surmontent l'édifice et portent des statues qui, dans leur costume à la mode d'Athènes, doivent grelotter huit mois sous le ciel du Nord. A côté du palais, et en retrait, la cathédrale de Stockholm, la vieille basilique de Storkyrkan dresse sa masse rouge et darde dans les airs cinq flèches effilées entourant un dôme trapu, sorte de calotte qui voudrait être coupole. A droite et à gauche, la vue s'arrête sur des carrefours humides où plusieurs fleuves semblent s'être donné rendez-vous pour s'enfuir ensuite dans toutes les directions, enlaçant dans leurs replis des îles couvertes de verdure et d'habitations. Sur les flancs de chacune de ces îles, les maisons s'entassent en groupes pittoresques, les rochers montrent leurs têtes entre les constructions, et au sommet quelque vieille église arrondit son dôme ou dessine une silhouette gothique sur l'azur pâle du ciel. La foule des piétons circule sur les quais, pas une voiture ne vient troubler leur promenade tranquille ou affairée. Ces quais ne sont, à vraiment parler, que des trottoirs : la chaussée, c'est le lac ; là, circulent les véhicules uniques de Stockholm, des steamers légers, véritables barques à vapeur mues par une machine microscopique. Douze à quinze personnes prennent place à bord sous une tente qui les protège contre le soleil de juin : nous voyons ces rapides embarcations, à demi dissimulées sous leurs ailes de toile, passer devant nous par essaims, se croiser, toucher terre un instant, s'enfuir encore, tournoyer et décrire de capricieuses évolutions autour de quelques gros vaisseaux endormis sur leurs ancres.

L'un de ces esquifs s'est arrêté sous nos fenêtres; la clochette placée à la proue appelle les passagers ou les promeneurs : nous nous embarquons. A bord, les fonctions de capitaine, de mécanicien et de chauffeur sont remplies par un jeune garçon; c'est lui qui prélève sur les voyageurs un mince tribut, qui donne le signal du départ, qui accélère ou ralentit l'allure. Parmi nos compagnons de traversée, nous remarquons deux jeunes Dalécarliennes dans le costume pittoresque de leur province. Leur jupe courte laisse voir des bas rouges ; un corsage zébré de vert et de brun emprisonne leur taille ; sur leur tête, un haut bonnet empesé se dresse comme une tiare et laisse flotter derrière lui deux ailes frissonnantes.

Déjà notre véhicule flottant à repris sa course ; l'hélice brasse ces belles ondes de la Baltique, dont la blancheur a des reflets de nacre ; les aspects se succèdent et se modifient sans cesse. Nous saluons un palais après avoir côtoyé un parc. Tantôt c'est un bassin qui s'ouvre devant nous, semé de navires et bordé de chantiers ; tantôt nous défilons entre deux quais hauts comme des terrasses, et au-dessus desquels nous voyons des maisons à mine aristocratique dessiner leurs lignes froidement correctes ; mais si, dans ces tableaux divers, la ville avec ses palais massifs, ses églises, ses ponts de granit jetés sur des bras de mer, forme le premier plan, c'est la nature toujours qui figure au second : à chaque changement de direction, l'œil plonge sur quelque aspect nouveau du lac, sur quelque recoin inattendu du golfe qu'encadrent d'imposantes masses de végétation. La nature est sans cesse présente au milieu même de la ville, à laquelle elle donne un charme étrange et une grandeur sévère. Aussi Stockholm a-t-elle dédaigné ces embellissements que recherchent aujourd'hui tant de villes d'Europe, et qui sont l'unique attrait des métropoles du nouveau monde. Depuis soixante ans, Stockholm ne s'est pas modifiée ; fière de cette beauté immuable qu'elle a reçue de la nature en naissant, que rien ne saurait lui ôter, elle n'a pas voulu être fastueuse comme une parvenue.

Peu de villes donnent cette impression de nouveauté absolue. Stockholm a été nommée la Venise du Nord ; deux autres cités, Amsterdam et Hambourg, revendiquent le même surnom; l'Orient, l'Occident et le nouveau monde doivent également posséder quelques Venises. Je ne comprends guère cette manie qu'ont les villes de se comparer les unes aux autres ; en prétendant se rapprocher d'un type dont l'authenticité est indiscutable, elles se proclament elles-mêmes des contrefaçons. Stockholm pourtant n'a été tirée qu'à une épreuve ; ce n'est pas une copie, c'est un original.

Pour embrasser le panorama de la ville dans son ensemble imposant, il faut gagner la terrasse de Mosebackke, située sur une éminence escarpée, en face de l'île de Riddarsholm, centre et berceau de Stockholm, comme la Cité fut le berceau de l'antique Lutèce. En gravissant les pentes qui mènent à ce belvédère naturel, nous traversons les quartiers les plus populeux de la ville, et nous retrouvons sur des visages hâlés les traits distinctifs de la race scandinave. Le Suédois est fort, grand, blond comme le Germain, mais sa figure distinguée ne respire ni placidité sournoise, ni bonhomie affectée ; quand il parle, son œil bleu s'allume, son langage est vif, rapide, souvent coloré; chez-lui, le caractère répond à la physionomie : il est noble et passionné. Il y a près d'un siècle qu'un voyageur disait : « Je connais peu de pays où l'on puisse se fier à la probité des classes inférieures autant qu'en Suède. » Le mot est encore d'une exactitude rigoureuse.

Au loin, le sol se gonfle et ondule ; des forêts de sapins verdissent à l'infini, elles s'étendent sur le sol comme une draperie à trame forte dont les plis majestueux prononcent et ennoblissent les contours : à gauche, l'œil se repose sur le lac Mœlar, immobile et resplendissant, avec son cadre de rochers, ses perspectives fuyant à l'horizon, ses aspects à la fois grandioses et doux ; à droite, c'est la Baltique, mais la Baltique apaisée, se glissant entre les îles, découpant mille promontoires, s'attardant dans des golfes, la Baltique semblable à un autre lac, aussi calme, aussi pur, aussi beau que le premier. A nos pieds, le Mœlar et la Baltique se réunissent, enchâssant et sertissant dans leurs eaux la ville aux sept îles; au centre, comme une reine au milieu de sa cour, se dresse Riddarsholm, l'île des palais, l'île des églises, avec ses quais qui l'enveloppent d'une ceinture de granit, ses maisons hautes et pressées d'où jaillissent vingt clochers aigus comme vingt lames de stylet.

OSCAR II, ROI DE SUÈDE ET NORVÈGE.

Là naquit Stockholm, fille d'un roi pirate. Bientôt, à l'étroit sur ce rocher, elle brisa ses langes, envahit les îles voisines, déborda sur les rives, s'étendit sur les presqu'îles, s'étagea sur les pentes; mais au lieu d'écarter la végétation qui entourait son berceau, elle s'est mêlée à elle : elle n'a pas repoussé la nature, elle lui a demandé de l'accueillir dans son sein et de l'embellir. Aujourd'hui les forêts qui entourent Stockholm ne s'arrêtent pas à ses portes, elles la pénètrent, se prolongent dans son enceinte en parcs naturels, en allées séculaires. Du haut de Mosebackke, l'œil voit cette verdure

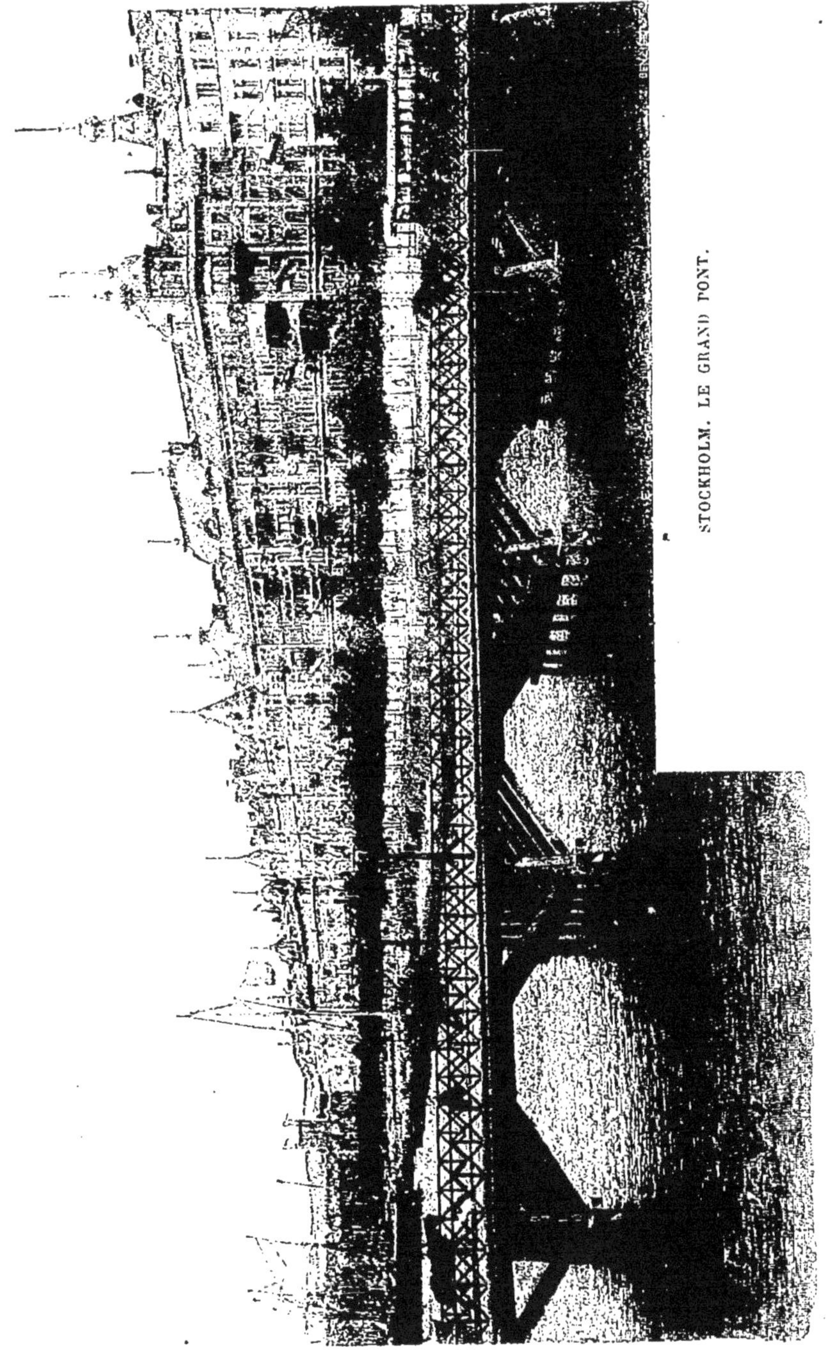

STOCKHOLM. LE GRAND PONT.

éclatante se mêler aux constructions, envelopper les palais, briller entre les maisons en nappes miroitantes, se glisser dans tous les interstices de la ville, comme le lierre dans les plis du marbre.

Pendant les beaux jours de l'été, le Suédois, comme tous les habitants du Nord, se sent attiré invinciblement vers la nature, vers de frais ombrages, vers ces forêts de sapins, dont il voit de ses fenêtres les masses sombres se profiler au loin, et dont il veut respirer le pénétrant parfum. Lorsque, nouveau venu dans sa ville, vous lui demandez où il faut achever votre première journée : « Allez à Djurgarden, » répondra-t-il invariablement. « — Et demain? — Retournez à Djurgarden. » Ce nom, que les Suédois prononcent avec fierté, évoque en nous le souvenir de l'un des sites les plus plaisants du monde : Djurgarden est un parc où la nature n'a pas été corrigée par la main de l'homme ; c'est une forêt trois ou quatre fois séculaire, semée de rochers moussus, hérissée d'escarpements et couchée sur ces pentes abruptes qui sont les berges de la Baltique.

Chaque soir, de tous les coins de la ville, une foule d'embarcations s'envolent vers Djurgarden. Autour du steamer-omnibus où nous avons pris place, toutes les variétés de bateaux de plaisance : canots, gondoles, yoles ou caïques, se croisent, se saluent, se choquent parfois. Des bandes de cygnes noirs et blancs se sont joints à la flottille. Plusieurs villes ont adopté un oiseau qui a choisi leur enceinte pour domicile d'élection : Venise a les pigeons de Saint-Marc; Smyrne a les vautours; Moscou a les corbeaux, hôtes séculaires du Kremlin ; Paris a le moineau franc, cet oiseau gamin qui a frondé tous les gouvernements et sifflé tous les triomphateurs ; Stockholm a le cygne.

Voici Djurgarden : au pied de la forêt, sur la rive même, se dresse une ville de bois, cité éphémère dont l'existence dure six semaines ; chaque printemps la voit s'élever, et elle disparaît avec les dernières feuilles. Son aspect est celui d'un champ de foire ; ses maisons sont des cirques forains, des théâtres en plein air, des baraques où des saltimbanques font retentir leur aigre musique, où Polichinelle lance ses lazzis. Plus loin, des pavillons de tout style : italiens, turcs ou mauresques, s'élèvent au-dessus des terrasses qui dominent le golfe ; ces constructions légères servent de restaurants. Seules, elles restent debout pendant l'hiver. Alors, quand une épaisse couche de glace couvre le lac de la Baltique, quand la neige s'entasse et monte autour des quais de granit et que Stockholm apparaît au loin, enveloppée dans sa blanche fourrure, les traîneaux alertes abordent à Djurgarden ; on s'attable sous des bosquets saupoudrés de givre et piqués par l'hiver d'étincelants cristaux. Pendant l'été, toute la population fashionable ou bourgeoise de la ville se retrouve autour des mêmes tables, boit du punch glacé et admire la beauté du crépuscule boréal au son d'une demi-douzaine d'orchestres. C'est là qu'il faut venir pour admirer la beauté des Stockholmoises, comme il faut à Séville s'attarder le soir sur les rives du Guadalquivir pour voir passer les manolas andalouses, encapuchonnées dans leurs mantilles.

A quelques pas de ce rendez-vous tumultueux et brillant, des futaies silencieuses, des sombres fourrés, des chemins semés de ronces serpentant à travers un labyrinthe de rochers, monte un coin de la grande nature du Nord aux portes d'une capitale. Ce contraste plaît aux Suédois.

Un soir, à Djurgarden, l'animation était plus vive que de coutume ; chaque embarcation qui venait jeter sur la rive sa cargaison vivante était pavoisée, des bouquets s'entassaient à la proue, des musiciens s'étaient installés à la poupe. C'était le 26 juin : on nous dit que Stockholm avait l'habitude de célébrer à cette date sa fête nationale. Ce jour-là, la capitale n'honore pas un saint du calendrier, ne fête pas l'anniversaire d'une victoire, et pourtant l'histoire de la Suède ne lui offrirait que l'embarras du choix ; elle se pare et s'amuse, rit et chante le jour où elle célèbre la fête de de son poète favori, Bellmann ! Ce nom, presque inconnu chez nous, est en Suède dans toutes les bouches. Bellmann vivait il y a un siècle ; pendant trente ans, il improvisa des strophes, que tout le monde en Suède sait par cœur, sur la gloire de la patrie, sur la beauté de Stockholm et de ses habitantes. Bellmann aimait Djurgarden, il s'y promenait souvent, bras dessus bras dessous avec sa Muse, une personne aimable, gaie, encline à la rêverie; mais quand elle laissait couler une larme, un sourire l'essuyait bien vite. La reconnaissance suédoise a rempli Djurgarden des souvenirs du poète ; elle lui a élevé une statue sur la terrasse d'Hasselbacken, une sorte de temple à l'endroit où il aimait à se reposer, et dans un des plus beaux sites de la forêt un buste colossal. C'est là que chaque année elle fait à sa mémoire une ovation posthume. L'endroit semble disposé à merveille pour servir de théâtre à une cérémonie triomphale : de toutes parts des rochers forment amphithéâtre. Le 26 juin, les gradins de ce cirque naturel sont enlevés d'assaut ; les places s'y louent dix rixdales. Autour du monument, des chanteurs improvisés entonnent les louanges de Bellmann ; le punch et la gaieté circulent, on se répète les traits piquants de la vie du poète ; l'anecdote vole. On redit les chansons joyeuses de Bellmann et ses strophes patriotiques ; puis on se penche à l'oreille du voisin pour conter une anecdote de nature plus intime ; la cour de Gustave, lettrée, galante et amoureuse, rappelait celle des Valois : Bellmann remplaçait Clément Marot ; comme lui, il était adoré des dames, dont il respectait peu les oreilles. On rit, on rappelle que le poète égayait la cour et gaspillait ses revenus, qu'il avait du génie et des créanciers. Un vieillard raconte qu'il a assisté à l'inauguration du monument en 1826 ; le roi et la reine présidaient ; à leurs côtés était la femme du poète, qui semblait bien attendrie. La reine lui parlait du chanteur aimé, des souvenirs que ce jour devait éveiller en elle : « Ah ! madame, répondit l'épouse émue, si Votre Majesté savait combien il était ennuyeux à la maison ! »

Tout à coup les conversations se taisent, un nouveau chœur se groupe autour du buste colossal ; les exécutants portent comme signe distinctif un nœud de rubans et un bouquet ; ils s'intitulent les compagnons de Bellmann. Les adeptes de cette confrérie poétique se recrutent parmi toutes les professions, et après avoir été pendant le jour avocats, banquiers ou marchands, ils mettent en pratique

STOCKHOLM. L'ÉGLISE DE SAINT-JACQUES ET L'HÔTEL DU TÉLÉPHONE.

le soir la devise du poète : « Boire, rimer, chanter ». Ces chevaliers de la gaie science entonnent un des chants les plus populaires de Bellmann sur un rythme énergique, agreste, rude parfois ; on croirait entendre le rire d'un faune éclatant sous la feuillée. Puis le président de l'Ordre remplit de vin une large coupe et la verse sur la tête du poète ; alors les chapeaux volent en l'air, les hourras retentissent. Mais bientôt le silence se fait, les têtes se découvrent, et la foule entonne gravement une ode patriotique, un chant de combat qui ressemble à un hymne ; l'amour de la vieille Suède respire sur tous les visages, la muse de Bellmann s'élève et s'ennoblit, elle se transfigure au souffle de l'enthousiasme patriotique, et nous nous rappelons que l'Anacréon du Nord en fut le Béranger.

Ce culte passionné rendu à la mémoire d'un poète n'étonnera

VUE DU PARC DE STOCKHOLM.

pas, si l'on se souvient que les Scandinaves savent mieux qu'aucune autre race apprécier de leur vivant, honorer après leur mort, leurs gloires nationales.

Aucune ville ne possède plus de statues, plus de palais, plus d'inscriptions que Stockholm : des rois de bronze et de marbre, des triomphateurs drapés à l'antique, chevauchent sur les places ; des penseurs, des écrivains, semblent rêver au milieu de la verdure des parcs.

Le tombeau commun des monarques suédois s'élève dans l'église de Riddarsholm, à côté de leur palais; les princes de la maison de Vasa n'avaient pas, paraît-il, les mêmes terreurs que Louis XIV, qui bâtit Versailles pour ne plus demeurer à Saint-Germain avec les tours de Saint-Denis en perspective. Riddarsholm est la seule église de Stockholm qui présente un intérêt véritable, et encore est-ce plutôt une crypte qu'un sanctuaire ; le service divin n'y est célébré que pour présider à des funérailles royales. Des pilastres écrasés soutiennent des voûtes grises et humides; la nudité même de cet immense sépulcre en rend l'aspect saisissant: pour tout ornement, des faisceaux de drapeaux conquis, des trophées, des pyramides de tambours, des clairons dressés prêts à sonner la charge. Les murailles du chœur sont tapissées d'emblèmes héraldiques: ce sont les armes de tous les chevaliers de l'ordre des Séraphins. Parmi ces écussons, l'un attire notre attention; nous lisons au-dessous : *Napoléon Ier, empereur des Français.* Un autre encore nous parle des gloires nationales, c'est celui du maréchal Canrobert.

Le sarcophage en porphyre rouge qui contient les restes de Bernadotte, lieutenant de l'empereur et allié de la coalition, fait face aux armoiries impériales. L'aigle trahi fixe le cercueil de Bernadotte et semble rappeler que les chevaliers Séraphins se juraient entre eux une éternelle fidélité!

Le tombeau de Bernadotte n'a d'ailleurs pour ornement que quelques drapeaux tricolores arrachés à une héroïque résistance dans les champs de la Saxe. On y voit en outre un étendard norvégien : Bernadotte le prit dans la courte campagne qu'il fit contre la Norvège en 1814, et qui se termina par l'union de ce royaume avec la Suède. Des étendards ravis à sa patrie et à ses sujets, voilà des trophées peu dignes de la tombe d'un roi!

Autour de ses prédécesseurs, au contraire, les emblèmes de victoires se pressent ; il est des princes qui pourraient reposer sur un lit de drapeaux conquis. Gustave-Adolphe fait face à Charles XII ; sur la tombe de ce dernier, le sculpteur n'a mis ni lauriers, ni symbole de victoire, il a jeté une peau de lion. Que pouvait graver la postérité sur le cercueil de Charles XII ? Il a triomphé à Narva, mais il a succombé à Pultava ; il a conquis des provinces, mais il a laissé la Suède amoindrie ; il a étonné le monde, mais il a ruiné son royaume. Semblable au lion, il s'est jeté dans la mêlée européenne, a vécu au milieu de la guerre et du carnage, a lutté seul contre cent ennemis; puis un jour il est tombé sans combat, surpris par une balle et comme visé par un chasseur à l'affût. Voltaire a écrit un roman sur sa vie, et la Suède lui a donné pour drap mortuaire la dépouille d'un lion.

L'Italie a ses viveurs de nuit qui, après les pesantes journées de juillet et d'août, courent du soir au matin respirer à la place Saint-Marc, ou sur la Chiaja, prendre des sorbets et compter les étoiles. Pendant les nuits d'été Stockholm aussi semble ignorer le sommeil; la population vit sur l'eau ou dans ses parcs. Nous regagnâmes la ville; notre frêle bateau glissait silencieusement sur l'onde sombre, où l'image des palais et des monuments se détachait avec tant de netteté qu'il nous semblait parfois que nous allions échouer contre le reflet renversé d'un dôme ou d'une maison. Autour de nous, une flottille entière naviguait; de vagues mélodies arrivaient jusqu'à nous, s'élevant des parcs et des jardins publics. Dans chaque parc un orchestre s'était éveillé, des lanternes vénitiennes piquaient çà et là de points blancs le feuillage des bosquets et jetaient de pâles scintillements comme un essaim d'étoiles en promenade sur la terre.

Ainsi emportés à travers Stockholm, comme à travers une vision, nous admirions cette reine du Nord, à la fois mélancolique et gaie, où l'on entend le soir le son de vingt orchestres et où l'on ne pourrait surprendre le bruit d'une voiture; cette ville qui a donné le jour à Bellmann, le joyeux chansonnier, et à Swedenborg, le grave illuminé; ville née pour le plaisir et pour la rêverie.

II

LES ILES DU LAC MŒLAR

On a compté les îles du lac Mœlar, elles sont au nombre de treize cents; mais qui pourrait calculer la quantité prodigieuse de détroits, d'isthmes, de baies, d'anses et de promontoires que dessinent les côtes tourmentées de cette mer intérieure? Tantôt le Mœlar, encombré d'archipels, n'est plus qu'un réseau de rivières s'enchevêtrant en tous sens; tantôt c'est un bassin majestueux servant de perspective aux palais d'été de la royauté suédoise. Dans ses eaux se mirent les tours de Gripsholm, les perrons de Drottningholm et les terrasses d'Ulriksdal.

Gripsholm, manoir féodal, a logé des princes batailleurs. Ses salles sévères, où aujourd'hui des armures alignées montent une garde éternelle, ont vu s'accomplir plus d'une révolution. Ses tourelles ont servi de prison à plus d'un prince détrôné. Drottningholm, somptueuse bâtisse, est le séjour favori de la royauté actuelle.

Ulriksdal, élevé auprès de l'un des recoins les plus poétiques du golfe, est la résidence des princes artistes; Charles XV, le dernier roi, y passa la plus grande partie de sa vie. A Gripsholm, à Drottningholm, les habitants de Stockholm vont en promenade; à Ulriksdal, ils vont en pèlerinage. Le nom de Charles XV évoque dans le cœur de tous ses sujets un souvenir attendri : ce prince apparaîtra sans doute dans l'histoire comme l'une de ces figures dont les traits charment et séduisent la postérité. Mille anecdotes, mille récits recueillis à chaque pas, nous ont fait regretter, comme si nous étions nés à Stockholm, la perte prématurée de ce roi, qui par les goûts, les mœurs, les sentiments, fut si purement Suédois, c'est-à-dire presque Français.

Vue du lac, Ulriksdal a une mine de villa italienne, badigeonnée en rose et appliquée sur un fond de feuillage d'une fraîcheur toute septentrionale. A l'extérieur, ce n'est qu'une maison sans prétention; à l'intérieur, c'est un musée. Le goût d'un artiste a présidé à la décoration de ces salles où se pressent les chefs-d'œuvre, sans distinction d'âge ni de nationalité : des statues antiques contemplent des tableaux flamands; des bahuts florentins font face à des cabinets en laque du Japon; la vieille orfèvrerie norvégienne dresse ses hanaps et ses vidercomes contre des murailles tendues en cuir gaufré de Cordoue. Cette variété dans le beau, cet éclectisme intelligent, préviennent la fatigue, qui trop souvent dans les musées fait tort à l'admiration : on croirait parcourir le royaume magique de la fantaisie.

Un jour, deux touristes anglais se promenaient sous les ombrages d'Ulriksdal; voulant visiter l'habitation, ils s'adressèrent à un autre promeneur qu'ils venaient de rencontrer au détour d'une allée et qui semblait le majordome du château. Celui-ci accepta l'offre de bonne grâce, les fit entrer, les promena deux heures, ne leur faisant grâce d'aucun détail, d'aucune merveille. Dans les salles historiques, il leur montra le lit où dormait Gustave-Adolphe pendant sa campagne d'Allemagne; il refit l'histoire de chaque bijou, de chaque meuble précieux, raconta les aventures de chaque tableau et reconstitua l'état civil de chaque chef-d'œuvre. Nos Anglais visitent la salle du conseil, décorée dans le goût du seizième siècle, où rien ne manque pour compléter l'effet, si ce n'est une demi-douzaine de conseillers en fraise et en pourpoint. Les armoires sculptées ouvrent devant eux leurs portes à deux battants et révèlent des trésors à leurs yeux éblouis. La visite terminée, le *cicerone* improvisé décline ses nom et qualité : « Charles XV, roi de Suède, de Norvège, des Goths et des Vandales. »

La piété suédoise n'a rien voulu changer depuis la mort du roi à sa demeure de prédilection; on nous la montre telle qu'elle était au temps où Charles XV s'y entourait d'une cour, ou plutôt d'un cénacle de lettrés et d'artistes. Le roi mêlait aux jouissances d'une vie facile les plaisirs raffinés de l'esprit. A Ulriksdal, comme jadis à Amboise, les peintres, les poètes, les sculpteurs étaient reçus en amis ou plutôt en confrères : Charles XV était peintre et poète. Nous nous arrêtons avec émotion devant une toile inachevée restée sur le chevalet, où nous lisons la signature royale *Karl*, mais où manque la dernière touche, et nous cherchons sur les fenêtres d'Ulriksdal quelque rime galamment tournée, gravée sur la vitre avec la pointe d'un diamant.

Les plus grands souvenirs de l'histoire suédoise s'échelonnent

PAYSANNES SUÉDOISES FANEUSE D'ELFDAL.

sur les rives du Mœlar. Pour aller de Stockholm à Upsal, de la capitale à la première ville universitaire du royaume, situées l'une à l'entrée, l'autre au fond du repli le plus abrité du lac, il nous faut saluer en passant un amas de ruines qui fut l'antique Sigtuna. Le nom de cette ville retentit souvent dans les récits épiques de l'ancienne Suède. Les Russes détruisirent Sigtuna de fond en comble au douzième siècle; ses portes d'argent se voient aujourd'hui dans une église de Nijni-Novgorod, sous une coupole byzantine. Plus loin, une enceinte quadrangulaire flanquée de tours massives émerge de la verdure. C'est le château de Skokloster. Cette demeure serait digne d'un prince : elle est la propriété séculaire de l'une de ces familles patriciennes qui rivalisaient avec la royauté de faste et d'orgueil. Le maréchal Wrangel construisit Skokloster, s'y reposa de trente campagnes et y suspendit les dépouilles de l'Allemagne. Nous vîmes à Skokloster deux portraits de la célèbre Ebba Brahé, qui fut aimée de Gustave-Adolphe. L'un de ces portraits représente une jeune fille svelte, au regard poétique, au front pur, au teint transparent : c'est Ebba Brahé, fiancée d'un héros. L'autre image reproduit les traits d'une matrone sur le retour, un peu replète, qui semble douée d'un bon sens pratique et d'un embonpoint croissant : c'est Ebba Brahé, épouse d'un grand propriétaire et mère de dix enfants. La seconde toile pourrait s'intituler : *Trente ans après.*

Cependant les berges se rapprochent; le lac finit en rivière. Puis deux quais bordés de maisons basses et bigarrées viennent s'allonger aux deux flancs du navire qui nous porte : nous sommes à Upsal.

III

UPSAL

En abordant à ce séjour d'études paisibles, où Linné a pu s'absorber pendant vingt ans dans la contemplation et l'analyse d'un brin d'herbe, nous croyons trouver le recueillement propice au travail; nous serions tentés de marcher sur la pointe des pieds pour ne pas troubler l'étude des citoyens académiques. Quel n'est pas notre étonnement en trouvant une ville en fête! Chaque fenêtre est tapissée de branchages entrelacés, des banderoles agitées par le vent crépitent dans les airs; nous surprenons au loin le bruit de salves d'artillerie. Dans les rues se presse une foule nombreuse, au milieu de laquelle voltigent, comme d'agiles papillons, des casquettes bleues, rouges, noires, blanches surtout. Upsal, rompant pour quelques jours avec ses habitudes de recueillement, célèbre un de ces congrès qui réunissent périodiquement les élèves des cinq universités scandinaves : Copenhague, Christiania, Lund, Helsingfors et Upsal, dans l'une de ces métropoles.

C'est un usage, vieux déjà d'une cinquantaine d'années, chez la jeunesse scandinave, que de se donner rendez-vous tous les quatre ou cinq ans dans une ville universitaire pour y célébrer par des fêtes académiques et bachiques l'union intellectuelle des races du Nord. Un accident climatérique donna naissance à cette coutume. En 1837, l'hiver fut exceptionnellement rude, le détroit qui sépare la côte danoise de la côte suédoise, Malmoë de Copenhague, avait gelé, fait assez rare, même sous ces latitudes extrêmes. Les étudiants de Lund, ville suédoise, voulurent profiter du pont que la nature leur offrait pour aller rendre visite à leurs camarades de

Copenhague. Ceux-ci avaient songé à les prévenir en se rendant processionnellement à Lund, si bien qu'on se rencontra sur la glace au milieu du détroit, à égale distance des deux royaumes. Une fête s'improvise aussitôt : les Danois déclarent que le punch suédois n'a pas d'égal; les Suédois reconnaissent que la bière de Copenhague est sans pareille : il n'en fallait pas tant, entre enfants de la même famille, pour oublier de vieilles querelles et les souvenirs lugubres qu'évoque encore l'union de Calmar. On parla d'entente, de rapprochement entre les rameaux divisés de la grande race scandinave. Après de nombreux toasts, on convint de renouveler ces réunions et d'y convier les camarades de Christiania et d'Upsal. Depuis lors, Upsal a déjà vu plusieurs de ces congrès, qui pendant une semaine entière doublent presque sa population, émaillent ses rues de casquettes multicolores et changent en activité bruyante le calme de ses promenades.

Les villes suédoises, hélas! n'ont guère le temps de vieillir; elles sont en bois, et deux fois au moins par siècle l'incendie fait place nette. Upsal, d'ailleurs, semble s'être inspirée de la pensée que nous venons d'exprimer, lorsqu'elle a reconstruit récemment sa célèbre bibliothèque, l'antique Carolina, qui venait de s'écrouler dans les flammes. Elle lui a laissé son ancien nom, en y ajoutant l'épithète de *rediviva,* et en l'appelant « la Bibliothèque ressuscitée ». Ce temple dédié à l'érudition contient deux cent mille volumes; nous y retrouvons toutes les formes du livre, cette expression matérielle de la pensée humaine, expression qui a varié suivant les temps. Après avoir été pesant et durable comme un monument, le livre est devenu léger et éphémère comme une feuille qui vole, passe et disparaît. Nous voyons des papyrus, des tables didactiques, des parchemins, des palimpsestes, des manuscrits, des missels, des in-quarto, des incunables, des in-octavo, des brochures et des journaux; puis, à une place d'honneur, sous une sorte de dais, le fameux *Codex argenteus*, la première traduction des Évangiles en langue germanique. Les Suédois l'ont conquis pendant la guerre de Trente ans et le gardent avec orgueil. C'est un trésor et un trophée!

Sous les fenêtres de la *Carolina rediviva*, s'étend une vaste pelouse d'un vert émeraude, tachetée de massifs de dahlias et de géraniums; de hautes charmilles l'environnent de leurs lignes architecturales; plus loin, des allées de chênes et de tilleuls tracent leurs sillons au milieu de masses verdoyantes, et des serres soulèvent leurs panneaux vitrés aux tièdes rayons du midi. Dans ces parcs apparaissent çà et là, à demi cachées sous le feuillage, des bâtisses régulières, badigeonnées en rose tendre; ce sont les collèges où se donne l'instruction secondaire, et les salles de cours réservées à l'enseignement supérieur. Quel contraste entre ces maisons à la figure réjouissante, baignées d'air et de lumière, et nos sombres lycées, monuments d'aspect morose, qui tiennent à la fois de la caserne et de la prison! A Upsal, non plus qu'à Oxford, on n'a pas pensé que la vue d'une muraille grise fût plus favorable à l'étude que l'aspect d'une haie fleurie ou d'un gazon velouté; le professeur ne fronce pas le sourcil quand, dans la salle où il enseigne, il voit se glisser par la fenêtre ouverte les branches du lierre ou de la clématite; la statue de Linné, qu'il aperçoit de sa chaire se dressant au milieu des plates-bandes, semble lui commander le respect et l'amour de la nature.

La cathédrale d'Upsal est le plus vaste édifice gothique de la Scandinavie. Le *custode* qui en fait les honneurs nous annonce pompeusement que, sous le rapport de la grandeur, elle est la quarante-huitième des églises de la chrétienté, qu'elle mesure trois cent soixante-dix pieds de long sur cent quarante et un de large et cent quinze de haut. En dépit de ces chiffres imposants, la beauté de l'édifice ne nous a pas paru répondre à son ampleur; l'extérieur est déparé par deux tours construites il y a un siècle. Enjolivées d'ornements rococos, elles contrastent étrangement avec l'aspect gothique du portail et de la nef. Nous croyons voir un chevalier du moyen âge en grand costume, coiffé d'un chapeau de marquis. L'intérieur, au contraire, a conservé le style primitif de la construction; mais on n'y trouve point cette perfection dans le détail, cette fécondité dans l'ornementation, qui s'épanouissent dans nos basiliques et réveillent sans cesse l'admiration. La cathédrale d'Upsal intéresse par les dépouilles illustres et les tombeaux qui s'y pressent. Des seigneurs hauts justiciers, agenouillés sur leur tombeau, implorent éternellement la miséricorde divine; des chevaliers dorment dans leur armure, la tête sur des coussins de marbre, le glaive au côté; la sépulture de la famille Oxenstiern montre des blasons et des trophées, à côté de la chapelle où trône Gustave Vasa, flanqué de ses deux épouses, et de la pierre nue sous laquelle repose Linné, qui n'a pas voulu d'épitaphe sur sa tombe

GUSTAVE, PRINCE HÉRITIER DE SUÈDE ET NORVÈGE.

JARDIN PUBLIC ET MUSÉE AUX ENVIRONS DE STOCKHOLM.

La cathédrale d'Upsal devrait pourtant nous être chère : elle est l'œuvre d'un artiste parisien. « En l'an 1289, Étienne de Bonneuil, tailleur en pierre, maistre de faire l'église d'Upsal en Suèce, » comme dit le contrat, s'engagea à doter la métropole suédoise d'une cathédrale et à prendre pour modèle Notre-Dame de Paris. La copie ressemble à l'original comme l'ébauche d'un chef-d'œuvre au chef-d'œuvre lui-même. En errant sous ces voûtes immenses, mais froides, nous songions à certaine église de Lund, âgée de dix siècles, que nous avions rapidement visitée en nous rendant de Malmoë à Stockholm. L'aspect du vieux temple est archaïque et fruste; mais l'ancien goût scandinave, faussé plus tard par l'imitation des arts de l'Occident, s'y révèle avec sa primitive saveur. La cathédrale de Lund se compose de deux nefs superposées; l'église souterraine est une crypte immense, ou un demi-jour, filtrant par dix fenêtres, qui ne sont que de vastes soupiraux, éclaire étrangement une quadruple rangée de colonnes trapues, des voûtes écrasées et un colosse en pierre embrassant l'un des piliers, qu'il semble en train de déraciner. Cette gigantesque figure n'est autre que l'architecte de l'église, le géant Finn. Jadis, disent les légendes, lorsque arrivèrent dans le pays les ancêtres des Suédois, ils y trouvèrent une race de géants, êtres farouches et malfaisants, fils du démon et restés en excellents termes avec leur père. Les Suédois, avec l'aide de Dieu, défirent et asservirent les géants; l'un de ces derniers, nommé Finn, après avoir été l'un des personnages importants de sa race, se voyant ruiné par la révolution qui venait de s'opérer, fut contraint de gagner sa vie. Il se fit tailleur de pierres et architecte; mais, dans sa nouvelle condition, où du reste il réussissait fort bien, il avait soin de cacher son véritable nom, craignant d'étaler aux regards le spectacle peu intéressant d'une grandeur déchue. En ce moment, saint Laurent parcourait la Suède; il s'arrêta à Lund, qui, suivant le proverbe, était déjà une cité florissante au moment de la naissance de Jésus-Christ; trouvant l'endroit agréable, le saint voulut s'y faire bâtir une basilique, et, ayant ouï parler de l'habile tailleur de pierres, se mit immédiatement en rapport avec lui. Finn, sachant à qui il avait affaire, voulut faire payer au saint la convenance, et ne réclama rien moins comme prix de son travail que le soleil, la lune ou les yeux du saint, flatterie délicate dont il assaisonnait ses exigences. Le saint promit, mais il eut soin de faire inscrire dans le contrat une clause en vertu de laquelle il serait libéré de toute dette s'il venait à apprendre le nom du mystérieux ouvrier. Ayant appris ce nom, grâce à une intervention divine, saint Laurent refusa naturellement de payer; de là, grande colère de Finn, qui veut détruire son œuvre; le géant saisit l'un des piliers entre ses bras vigoureux, le secoue et se met en devoir de faire crouler l'édifice, quand soudain la vengeance divine le pétrifie; il reste attaché à son pilier, le nez contre la pierre, exposé dans cette posture malséante à la risée de la postérité.

IV

LA DALÉCARLIE

D'Upsal à Falun, chef-lieu de la Dalécarlie, la contrée offre l'image d'une activité industrielle assez rare dans les campagnes suédoises. Nous traversons le grand bassin métallurgique de la Suède, le pays du fer et du cuivre; la contrée est plate, la terre couverte d'une poussière noirâtre; une végétation desséchée par la fumée languit sur le sol. Mais les usines se succèdent avec une monotonie désespérante; le minerai effleure et déchire parfois l'écorce terrestre; des puits de mine s'ouvrent à chaque pas, des nuages de vapeur obscurcissent l'horizon et annoncent l'approche de cités industrielles.

Dannemora extrait le fer; Osterby le met en fusion; Sala, qui dès le quinzième siècle fournissait vingt-quatre mille livres d'argent fin, expédie dans les trois royaumes scandinaves les rixdales sorties de ses ateliers; les mines de Falun, jadis sans rivales, n'occupent plus aujourd'hui que le second rang. L'un des puits de Falun, inondé depuis deux siècles, semble un gouffre sans fond, où l'eau se précipite et se brise avec fracas contre les flancs du rocher. Auprès, s'ouvre un second puits dont la profondeur dépasse onze cents pieds : accroupis dans une sorte de tonne d'osier, nous nous sentons peu à peu glisser dans l'abîme; l'obscurité croît, le ciel n'est plus qu'une étoile brillant sur nos têtes; autour de nous s'ouvrent de profondes entailles, des conduits souterrains plongeant jusqu'au cœur de la montagne. Le silence est profond; soudain, au fond de chacun des couloirs qui rayonnent autour de nous, un éclair étincelle; de multiples détonations réveillent les échos de l'abîme : ce sont des mines chargées qui éclatent. Peu après, la nuée des mineurs reparaît; les travailleurs, à l'abri dans des excavations pendant l'explosion, se remettent à l'ouvrage; une lampe, enfermée dans un tube de verre, brille sur la casquette goudronnée de chacun d'eux, et nous voyons comme un essaim de lucioles scintiller, s'enfoncer et se perdre au milieu du méandre des galeries; mais nous ne sommes pas tentés de nous mettre à leur poursuite, et nous saluons avec bonheur la lumière du jour, après cette excursion aux royaumes ténébreux des gnomes.

Quel contraste entre l'activité bruyante de cette industrieuse région et le calme de la Dalécarlie agricole! En quittant Falun pour une excursion de deux jours au centre même de la province, dans les paroisses rustiques de Lecksand et de Mora, il nous faut dire adieu, ou au moins au revoir, à la civilisation. La voiture a remplacé le wagon : une sorte de charrette, qui n'est pas encore la kariole norvégienne, mais qui n'est plus la chaise de poste, nous sert de véhicule; un automédon rustique, debout derrière nous sur une traverse, conduit de la voix le bidet efflanqué qui nous traîne. Le pauvre animal descend les pentes ventre à terre, suivant une habitude traditionnelle chez les chevaux comme chez les cochers suédois; mais la montée la plus douce lui fait perdre courage : à la moindre boursouflure du terrain, il s'arrête, respire, puis se met à gravir, en poussant des soupirs de désespoir. Lorsque son maître cherche à le stimuler par quelque interjection caressante, il s'anime un peu, fait un effort, comme pour prouver sa bonne volonté, puis reprend sa paisible allure.

Pourquoi se presser, d'ailleurs? Le paysage aimable qui nous entoure, les sites qui se succèdent à nos yeux, imposants parfois, toujours pittoresques, la beauté du ciel, la douceur de l'air, tout nous invite à convertir notre activité en sage lenteur et notre course en promenade. La nature s'offre encore à nous sous les mêmes aspects que dans la Suède méridionale, mais notre nouveau mode de locomotion nous la montre de plus près et nous en fait mieux apprécier le charme; il nous permet de noter les moindres détails, de jouir à l'aise d'un point de vue qui nous a séduits, de nous attarder au bord d'un lac dont notre mémoire voudrait emporter l'image. En Dalécarlie, comme en Norvège et comme dans toute la Scandinavie septentrionale, point de village : au lieu de s'agglomérer, les habitations se dispersent, s'isolent, s'égrènent sur d'immenses étendues de prairies et de forêts. En scrutant tous les points de l'horizon, nous ne saurions y découvrir un village; ce serait chose aussi rare que chez nous la rencontre d'un troupeau de rennes broutant paisiblement l'herbe d'un pré communal. Dans nos campagnes, les maisons se pressent, se pelotonnent à l'ombre du clocher, comme sous une aile protectrice. En Suède, elles ont l'air de se fuir; chaque famille vit isolée dans sa ferme. De temps à autre, une église de bois apparaît, perchée au sommet d'un coteau ou perdue au milieu d'une clairière, toujours seule avec son presbytère, et quelquefois à plusieurs milles de toute demeure. Pour aller visiter ses ouailles, le pasteur doit escalader des montagnes, traverser des forêts et parcourir des lacs : chaque prêtre doit être doublé d'un missionnaire.

Cependant notre cheval s'est écarté de la grande route, et par un chemin de traverse où nous bondissons de fondrière en fondrière il nous mène jusqu'à une métairie assez semblable à celles que nous avons vues depuis Falun s'espacer sur la route. Dans ce groupe de maisons, rien n'indique un relais de poste; pourtant notre attelage s'arrête au milieu d'une sorte de cour gazonnée, encadrée d'habitations : autour de nous se pressent des charrettes semblables à la nôtre ; des karrioles au repos, renversées en arrière, dressent leurs longs brancards comme deux bras désespérés. Point de voitures sans chevaux, pensons-nous, et nous nous réjouissons à l'idée de nous séparer définitivement de notre coursier anémique. En guise de postillon, c'est une jeune fille qui nous reçoit ; elle nous accueille avec un sourire prévenant et nous apporte deux verres où mousse un lait aromatique, crémeux, tiède encore, breuvage exquis et réparateur que le voyageur trouve partout en Suède. Nous nous hasardons à prononcer timidement

VILLA AUX ENVIRONS DE STOCKHOLM.

le mot *hasta*, cheval, en cherchant à donner à notre prononciation une inflexion que ne désavouerait pas un bourgeois de Stockholm. *Ia*, répond la jeune fille, et elle nous fait signe de la suivre.

Nous franchissons le seuil d'une sorte de chalet, et bientôt une vaste chambre planchéiée, dont le plafond et les murs sont badigeonnés à la chaux, s'ouvre devant nous : dans cette pièce, l'ameublement est d'une simplicité primitive, mais brillant de propreté. De vastes canapés en cuir s'appuient aux murailles ; quelques images suspendues montrent Bernadotte auprès de Gustave III, Garibaldi à côté de l'autocrate Nicolas. Les bois, comme les cuirs, pourraient au besoin servir de miroirs. Deux lits complètent le mobilier : ce sont des couchettes étroites, recouvertes chacune de deux draps plus étroits encore ; on dirait un mouchoir de belle dimension posé sur une serviette. Nous sommes dans la chambre des voyageurs, réservée dans les fermes suédoises aux hôtes que donne le hasard. Cependant, nous répétons le mot *hasta* avec plus d'insistance. La jeune fille sort, puis reparaît bientôt, nous apportant du beurre, des œufs durs découpés en menues tranches, du saumon fumé et des langues de renne. Lorsque nous voulons payer ce repas par quelque monnaie, notre jeune hôtesse nous regarde étonnée; elle fait un signe de refus, puis, quand elle a vu disparaître dans notre poche la piécette que nous lui destinions, elle saisit notre main et la presse vivement. Dans ces contrées, où les types et les mœurs sont empreints encore d'une originalité primitive, une poignée de main résume les remerciements de celui qui reçoit l'hospitalité et les souhaits de celui qui la donne.

Cependant, il faut partir. — *Hasta*, répétons-nous pour la troisième fois. — *Ia*, *ia*, reprend la jeune fille, et elle nous montre les pâturages qui verdissent au loin : nous comprenons enfin que notre coursier est aux champs, à deux ou trois lieues peut-être, et qu'il faut attendre, torture inconnue pour des voyageurs que le chemin de fer a habitués à une exactitude chronométrique.

En Suède, point de relais organisés avec méthode où trône un maître de poste de profession et où un cheval frais piaffe à l'écurie, prêt à remplacer son camarade fatigué. De distance en distance, des paysans, choisis parmi les plus riches cultivateurs de la contrée, sont désignés pour mettre à la disposition des voyageurs les chevaux qui servent aux travaux des champs : quand le voyageur arrive, le futur cheval de poste est en train de promener le soc de la charrue sur quelque champ lointain, ou de rentrer la moisson. Il ne nous reste d'autre consolation que de graver notre désespoir sur le *Dagbok*, sur le livre de poste, où nous trouvons consignées les impressions de nos prédécesseurs en pareille mésaventure.

De Falun à Lecksand l'étape est longue, mais nous n'avons pas oublié l'avis de nos compagnons d'Upsal : « Arriver dans la nuit du samedi au dimanche. » Il est près de minuit quand nous voyons enfin miroiter, entre un rideau de sapins, les eaux tranquilles d'un lac encore tout illuminé des feux du soleil couchant; c'est le Silljan, que les Suédois nomment fièrement l'*Œil de la Dalécarlie*. Nous côtoyons les rives du lac, une église apparaît sur un promontoire qui domine la contrée ; auprès d'elle, un gaard sert à la fois de relais de poste et d'auberge : nous sommes à Lecksand.

Après quelques heures de repos, nous voici debout, au moment où le soleil, déjà haut, fait scintiller dans les grands bois toutes les gouttes de rosée et couvre les eaux de paillettes étincelantes. A l'horizon, la brume du matin couronne poétiquement les sommets lointains. Devant nous, le Silljan semble moins un lac qu'une étoile de fleuves; il lance de toutes parts des bras tortueux qui serpentent et se perdent au milieu de la verdure des îles. Le regard aime à fouiller ce paysage découpé, à s'arrêter successivement sur les plans divers du paysage; cependant aucune habitation n'apparaît sur les rives, l'homme manque au tableau. Soudain, de chaque tournant du lac, du fond de chaque anse, de chaque recoin de l'horizon, nous voyons accourir des barques immenses, légères pourtant et effilées, peintes en rouge, en bleu ou en jaune, guidées avec agilité par cinquante rameuses ; ces pirogues multicolores amènent la population entière des quatre grandes paroisses du pays au rendez-vous que Dieu donne chaque dimanche à ses fidèles.

Chaque gaard a sa barque employée à cet unique usage; c'est une relique de famille qui se transmet de génération en génération.

Les paysans ont tous revêtu leurs habits du dimanche; la coupe en est vieille de plusieurs siècles: la mode n'a pas encore pénétré à Lecksand. Ne regrettons pas son absence. C'est une fête pour les yeux que de contempler ces costumes bizarres où le rouge, le bleu, le vert et le jaune se marient avec bonheur, sans se heurter, car l'imagination des paysans dalécarliens est tempérée par le goût et par le sentiment inné du beau. Quoi de plus gracieux, de plus élégant, que ces longues jupes blanches relevées d'agréments rouges, qui sont le costume et comme l'uniforme des rameuses? Ce pourpoint blanc, ouvert sur un justaucorps écarlate, qu'un robuste garçon porte avec tant d'aisance, aurait fait rêver jadis notre jeunesse romantique, quand, éprise de la couleur, elle prétendait colorer le costume comme la langue. Sommes-nous transportés dans un autre siècle? Ce père de famille avec son habit à larges basques, ses souliers à boucles et son jabot de dentelle, n'est-il pas quelque bailli du bon vieux temps, qui juge d'après l'équité plutôt que d'après la coutume? Et ces paysannes aux jupes courtes et bariolées, au corsage garni de bijoux, à la coiffure étrange, ne sont-elles pas détachées de quelque missel du moyen âge, époque où l'humanité rajeunie aimait les tons tranchés, les nuances éclatantes, et se sentait attirée vers elles comme un enfant tourne ses yeux vers la lumière?

Les Dalécarliens ont conservé le culte de la couleur; leurs costumes le prouvent comme leurs habitations, comme les instruments de leurs travaux. Les rames de leurs barques sont sculptées et coloriées, et nous nous rappelions notre étonnement de la veille, quand nous rencontrions, au milieu des champs, des moissonneurs portant culottes brodées et bas écarlates, ou des bataillons de faneuses élevant sur l'épaule leur long râteau peint mi-parti de rouge et de jaune.

Chaque paroisse, chaque famille a ses couleurs favorites; notre hôte nous indiquait en mauvais allemand les habitants de chacun de ces cantons, dont il nous racontait l'histoire, exhumait les souvenirs et énumérait les exploits. Avec un peu d'imagination nous aurions cru entendre le dénombrement des héros grecs d'Homère, traduit dans la langue de Richard Wagner. « Vois, disait notre hôte, les gens de Mora, de l'antique Mora, où les ancêtres se réunissaient pour délibérer sur les affaires du pays et nommer nos rois. Ceux-là sont les fils d'Elfdal, où des veines de porphyre sillonnent la montagne; seule, entre toutes les paroisses de Suède, Elfdal a eu l'honneur de fournir le tombeau où Bernadotte repose dans la crypte de Riddarsholm. Voici les montagnards d'Ornas et ceux de Rattvik, où paissent d'innombrables troupeaux, et ceux de Stalheim, renommé pour la beauté de ses filles. » En ce moment les barques s'approchaient, et il nous était facile de constater que la renommée de Stalheim n'était pas usurpée.

A. Vandal

UN GONDOLIER DE STOCKHOLM.

www.ingramcontent.com/pod-product-compliance
Ingram Content Group UK Ltd.
Pitfield, Milton Keynes, MK11 3LW, UK
UKHW012124240726
13965UKWH00005B/1959